école - училище	2
voyage - пътуване	5
transport - транспорт	8
ville - град	10
paysage - пейзаж	14
restaurant - ресторант	17
supermarché - супермаркет	20
boissons - напитки	22
aliments - ядене	23
ferme - селски двор	27
maison - къща	31
salle de séjour - всекидневна	33
cuisine - кухня	35
salle de bains - баня	38
chambre d'enfant - детска стая	42
vêtements - облекло	44
bureau - офис	49
économie - икономика	51
professions - професии	53
outils - инструменти	56
instruments de musique - музикални инструменти	57
zoo - зоологическа градина	59
sports - спорт	62
activités - дейности	63
famille - семейство	67
corps - тяло	68
hôpital - болница	72
urgence - спешен случай	76
Terre - Земя	77
heure - часовник	79
semaine - седмица	80
année - година	81
formes - форми	83
couleurs - цветове	84
opposés - противоположности	85
nombres - числа	88
langues - езици	90
qui / quoi / comment - кой / какво / как	91
où - къде	92

Impressum
Verlag: BABADADA GmbH, Nedderfeld 112 , 22529 Hamburg
Geschäftsführer / Verlagsleitung: Harald Hof
Druck: Books on Demand GmbH, In de Tarpen 42, 22848 Norderstedt

Imprint
Publisher: BABADADA GmbH, Nedderfeld 112 , 22529 Hamburg, Germany
Managing Director / Publishing direction: Harald Hof
Print: Books on Demand GmbH, In de Tarpen 42, 22848 Norderstedt

école
училище

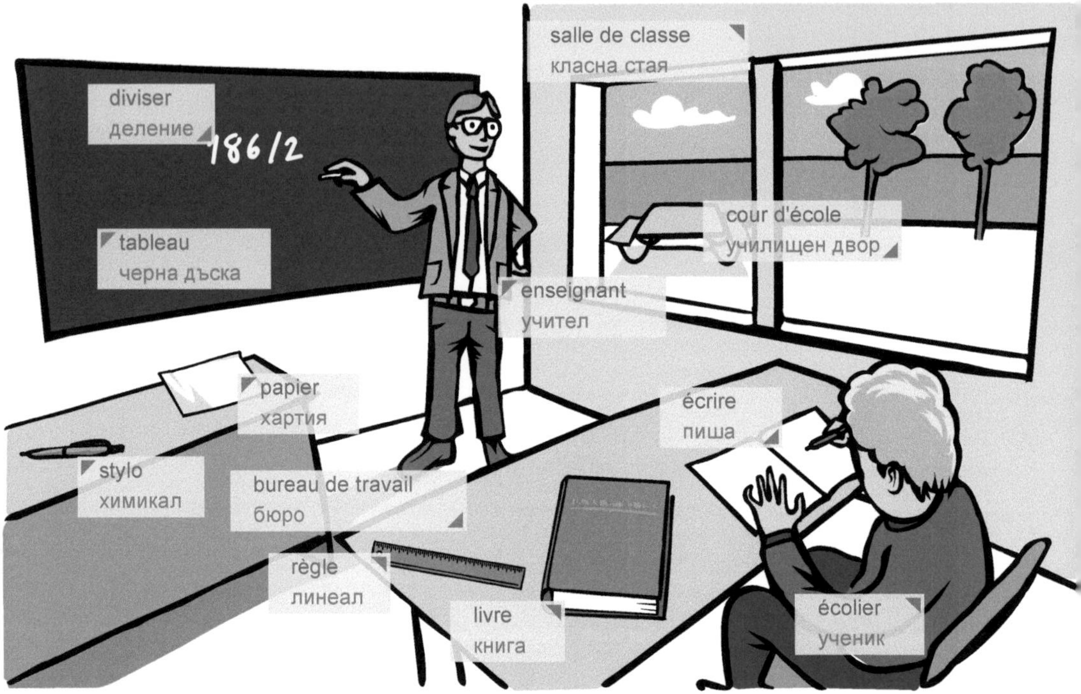

diviser / деление

tableau / черна дъска

salle de classe / класна стая

cour d'école / училищен двор

enseignant / учител

papier / хартия

stylo / химикал

bureau de travail / бюро

écrire / пиша

règle / линеал

livre / книга

écolier / ученик

sac d'écolier

ученическа раница

trousse

ученически несесер

crayon

молив

taille-crayon

острилка за моливи

gomme à effacer

гума

bloc de papier à dessin

блок за рисуване

dessin
рисунка

pinceau
четка

boîte de peintures
акварелни бои

ciseaux
ножица

colle
лепило

cahier d'exercices
тетрадка за упражнения

devoirs
домашна работа

chiffre
число

additionner
събиране

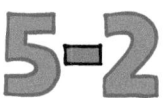
soustraire
изваждане

multiplier
умножение

calculer
смятане

lettre
буква

alphabet
азбука

hello
mot
дума

école - училище

texte
текст

lire
чета

craie
тебешир

leçon
час

le cahier de notes
дневник на класа

examen
изпит

certificat
свидетелство

uniforme scolaire
ученическа униформа

éducation
образование

encyclopédie
справочник

université
университет

microscope
микроскоп

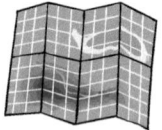
carte
карта

corbeille à papier
кошче за хартиени отпадъци

école - училище

voyage
пътуване

- hôtel / хотел
- auberge / хостел
- bureau de change / обменно бюро
- valise / куфар
- voiture / кола

langue
език

oui / non
да / не

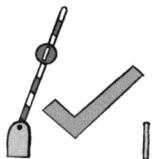

Okay
Окей

Allo!
здравей

traducteur
преводач

Merci
Благодаря

Combien coûte...?
Колко струва...?

Je ne comprends pas
Не разбирам

problème
проблем

Bonsoir !
Добър вечер!

Bonjour !
Добро утро!

Bonne nuit !
Лека нощ!

bye bye
довиждане

direction
посока

bagages
багаж

sac
пътна чанта

sac à dos
раница

invité
посетител

pièce
стая

sac de couchage
спален чувал

tente
палатка

voyage - пътуване

bureau d'information touristique
туристическа информация

plage
плаж

carte de crédit
кредитна карта

déjeuner
закуска

dîner
обед

souper
вечеря

billet
билет

ascenceur
асансьор

timbre
пощенска марка

frontière
граница

douane
митница

ambassade
посолство

visa
виза

passeport
паспорт

voyage - пътуване

7

transport
транспорт

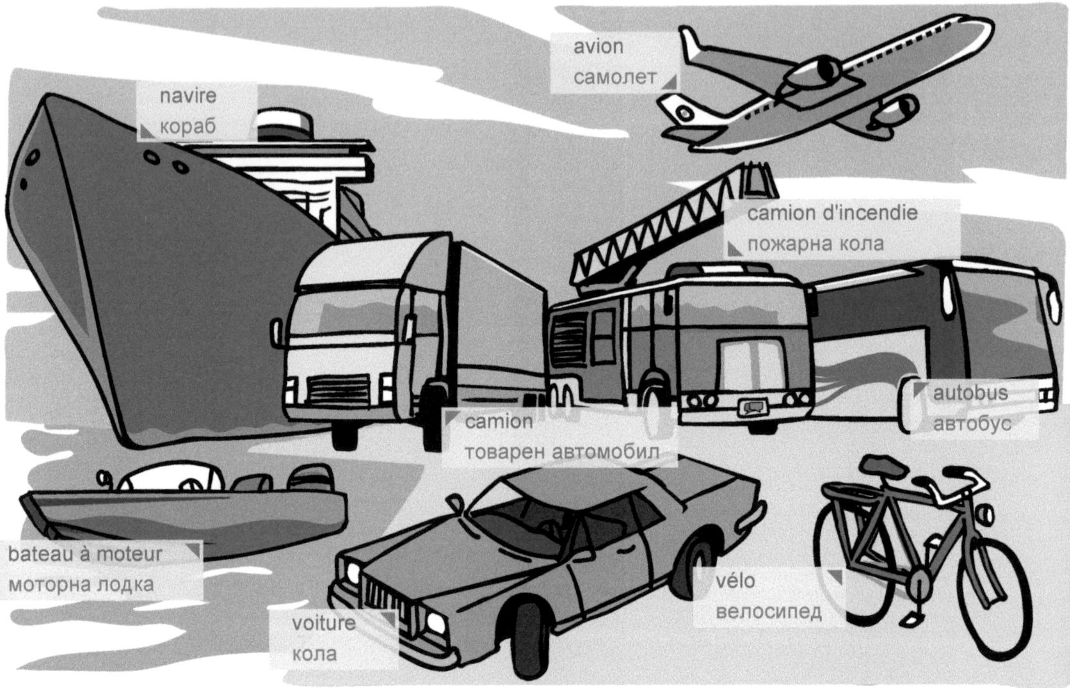

avion
самолет

navire
кораб

camion d'incendie
пожарна кола

autobus
автобус

camion
товарен автомобил

bateau à moteur
моторна лодка

voiture
кола

vélo
велосипед

traversier

ферибот

bateau

лодка

motocyclette

мотоциклет

voiture de police

полицейска кола

voiture de course

състезателна кола

voiture de location

кола под наем

autopartage
каршеринг

dépanneuse
автомобил от "Пътна помощ"

camion à ordures
сметовоз

moteur
двигател

carburant
бензин

station-service
бензиностанция

panneau de signalisation
пътен знак

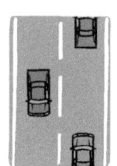
circulation
улично движение

embouteillage
задръстване

parc de stationnement
паркинг

gare
гара

voies ferrées
релси

train
влак

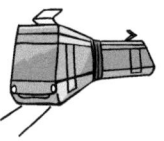
tramway
трамвай

wagon
вагон

transport - транспорт

hélicoptère

хеликоптер

aéroport

аерогара

tour

кула

passager

пасажер

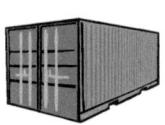

conteneur

контейнер

boîte en carton

кашон

chariot

ръчна количка

panier

кошница

décoller / atterrir

излитам / приземявам се

ville
град

village

село

centre-ville

градски център

maison

къща

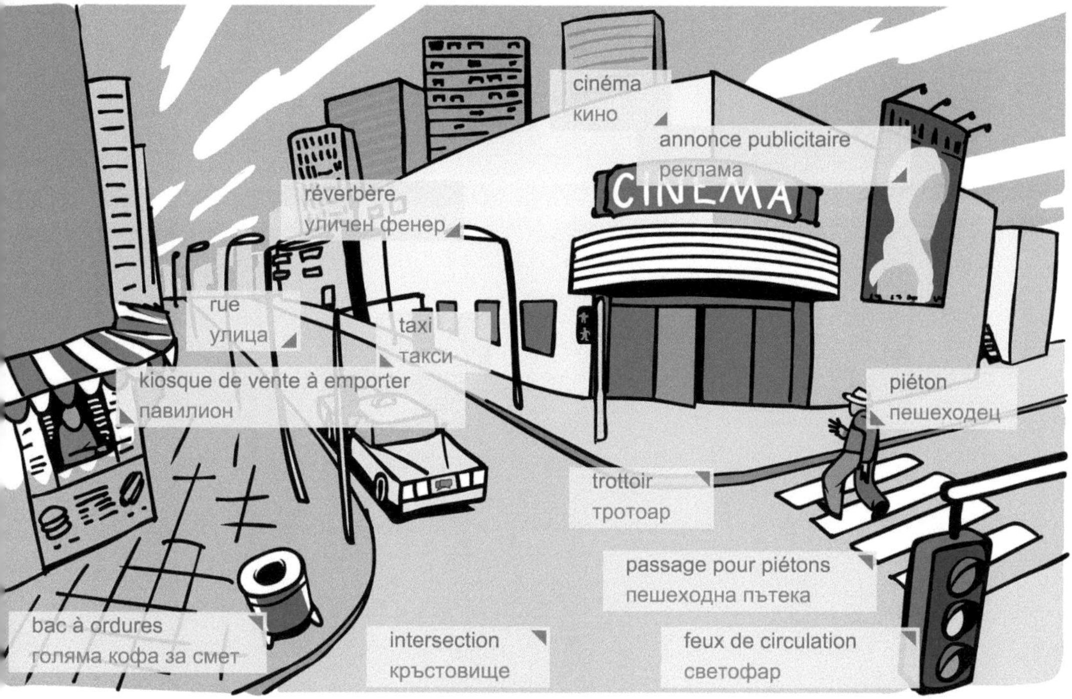

cinéma
кино

annonce publicitaire
реклама

réverbère
уличен фенер

rue
улица

taxi
такси

kiosque de vente à emporter
павилион

piéton
пешеходец

trottoir
тротоар

passage pour piétons
пешеходна пътека

bac à ordures
голяма кофа за смет

intersection
кръстовище

feux de circulation
светофар

cabane
хижа

appartement
жилище

gare
гара

hôtel de ville
кметство

musée
музей

école
училище

ville - град

université
университет

banque
банка

hôpital
болница

hôtel
хотел

pharmacie
аптека

bureau
офис

librairie
книжарница

magasin
магазин за цветя

fleuriste
магазин за цветя

supermarché
супермаркет

marché
пазар

grand magasin
универсален магазин

poissonnerie
търговец на риба

centre commercial
търговски център

port
пристанище

parc
парк

banc
пейка

pont
мост

escaliers
стълба

métro
метро

tunnel
тунел

arrêt d'autobus
автобусна спирка

bar
бар

restaurant
ресторант

boîte à lettres
пощенска кутия

plaque de rue
улична табелка

parcomètre
часовник за паркинг престой

zoo
зоологическа градина

bains publics
плувен басейн

mosquée
джамия

ville - град

ferme
селски двор

pollution
замърсяване на околната среда

cimetière
гробище

église
църква

aire de jeux
детска площадка

temple
храм

paysage
пейзаж

- feuille — листо
- panneau indicateur — пътепоказател
- chemin — път
- pré — ливада
- pierre — камък
- arbre — дърво
- randonneur — пътешественик
- rivière — река
- herbe — трева
- fleur — цвете

vallée
долина

colline
планина

lac
море

forêt
гора

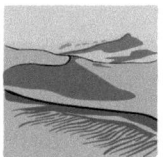
désert
пустиня

volcan
вулкан

château
замък

arc-en-ciel
дъга

champignon
гъба

palmier
палма

moustique
комар

mouche
муха

fourmi
мравка

abeille
пчела

araignée
паяк

paysage - пейзаж

scarabée
бръмбар

grenouille
жаба

écureuil
катеричка

hérisson
таралеж

lièvre
заек

chouette
кукумявка

oiseau
птица

cygne
лебед

sanglier
диво прасе

cerf
елен

orignal
лос

barrage
бент

éolienne
вятърна турбина

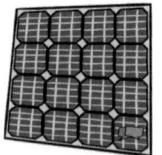
panneau solaire
соларен модул

climat
климат

paysage - пейзаж

restaurant
ресторант

serveur
келнер

menu
меню

chaise
стол

pizza
пица

soupe
супа

nappe
покривка за маса

coutellerie
прибори за хранене

hors-d'œuvre
предястие

plat principal
основно ястие

dessert
десерт

boissons
напитки

aliments
ядене

bouteille
бутилка

restauration rapide

бързо хранене

cuisine de rue

улична храна

théière

кана за чай

sucrier

кутия за захар

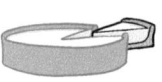

part

порция

machine à expresso

еспресо машина

chaise haute d'enfant

висок детски стол

facture

сметка

plateau

табла

couteau

ножица за нокти

fourchette

вилица

cuillère

лъжица

cuillère à thé

чаена лъжичка

serviette

салфетка

verre

стъклена чаша

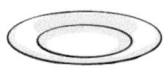

assiette

чиния

assiette creuse

чиния за супа

soucoupe

чинийка

sauce

сос

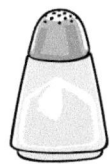

salière

солница

moulin à poivre

мелничка за черен пипер

vinaigre

оцет

huile

олио

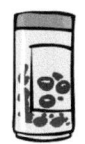

épices

подправки

ketchup

кетчуп

moutarde

горчица

mayonnaise

майонеза

supermarché
супермаркет

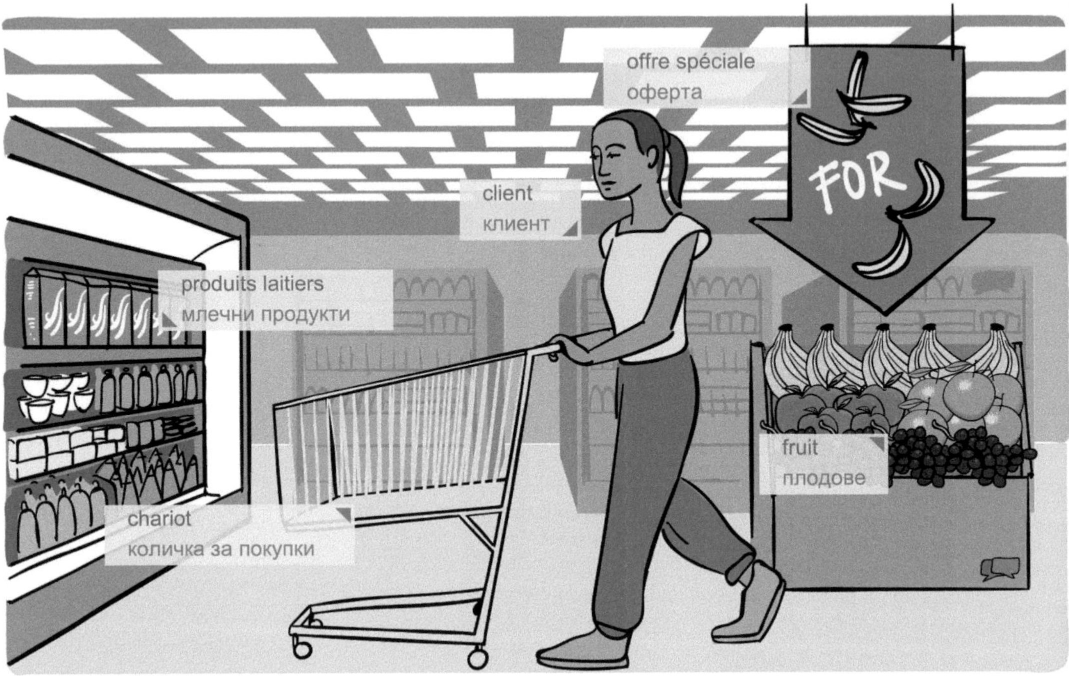

offre spéciale
оферта
FOR
client
клиент
produits laitiers
млечни продукти
fruit
плодове
chariot
количка за покупки

BUTCHERS

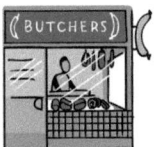

boucherie

кланица

BAKERY

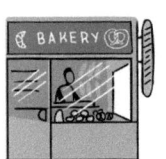

boulangerie

хлебарница

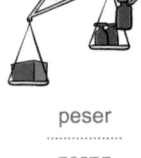

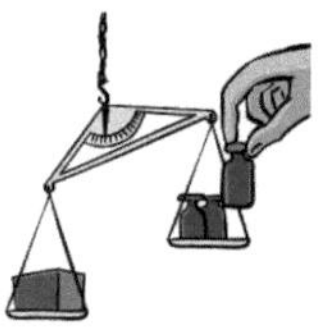

peser

тегля

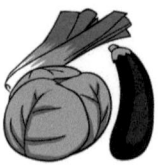

légumes

зеленчуци

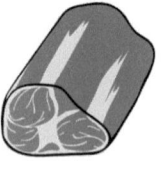

viande

месо

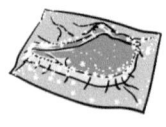

aliments congelés

дълбоко замразена храна

viandes froides

нарязан колбас или сирене

conserves

консерви

détergent à lessive en poudre

перилен препарат

sucreries

лакомства

produits d'entretien ménager

домакински изделия

produits d'entretien

почистващи препарати

vendeuse

продавачка

caisse

каса

caissier

касиер

liste de provisions

списък на покупките

heures d'ouverture

работно време

portefeuille

портфейл

carte de crédit

кредитна карта

sac

чанта

sac plastique

пластмасова торба

boissons
напитки

eau
вода

jus
сок

lait
мляко

cola
кола

vin
вино

bière
бира

alcool
алкохол

cacao
какао

thé
чай

café
кафе машина

expresso
еспресо

cappuccino
капучино

aliments
ядене

banane

банан

pomme

ябълка

orange

портокал

melon d'eau

пъпеш

citron

лимон

carotte

морков

ail

чесън

bambou

бамбук

oignon

лук

champignon

гъба

noix

ядки

nouilles

макарони

aliments - ядене

spaghettis
спагети

riz
ориз

salade
салата

frites
пържени картофи

pommes de terre sautées
печени картофи

pizza
пица

hamburger
хамбургер

sandwich
сандвич

escalope
шницел

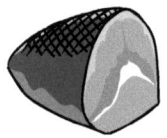
jambon
шунка

salami
траен колбас

saucisse
салам

poulet
пиле

rôti
печено

poisson
риба

aliments - ядене

gruau d'avoine
овесени ядки

muesli
мюсли

flocons de maïs
корнфлейкс

farine
брашно

croissant
кроасан

petit pain
хлебчета

pain
хляб

rôtie
препечена филийка

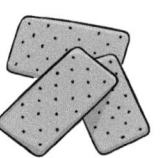
biscuits
бисквити

beurre
масло

caillé
извара

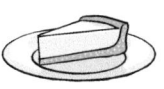
gâteau
сладкиш

œuf
яйце

œuf miroir
яйца на очи

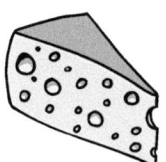
fromage
сирене

aliments - ядене

crème glacée
сладолед

sucre
захар

miel
мед

confiture
мармалад

crème de nougat
нуга крем

cari
къри

aliments - ядене

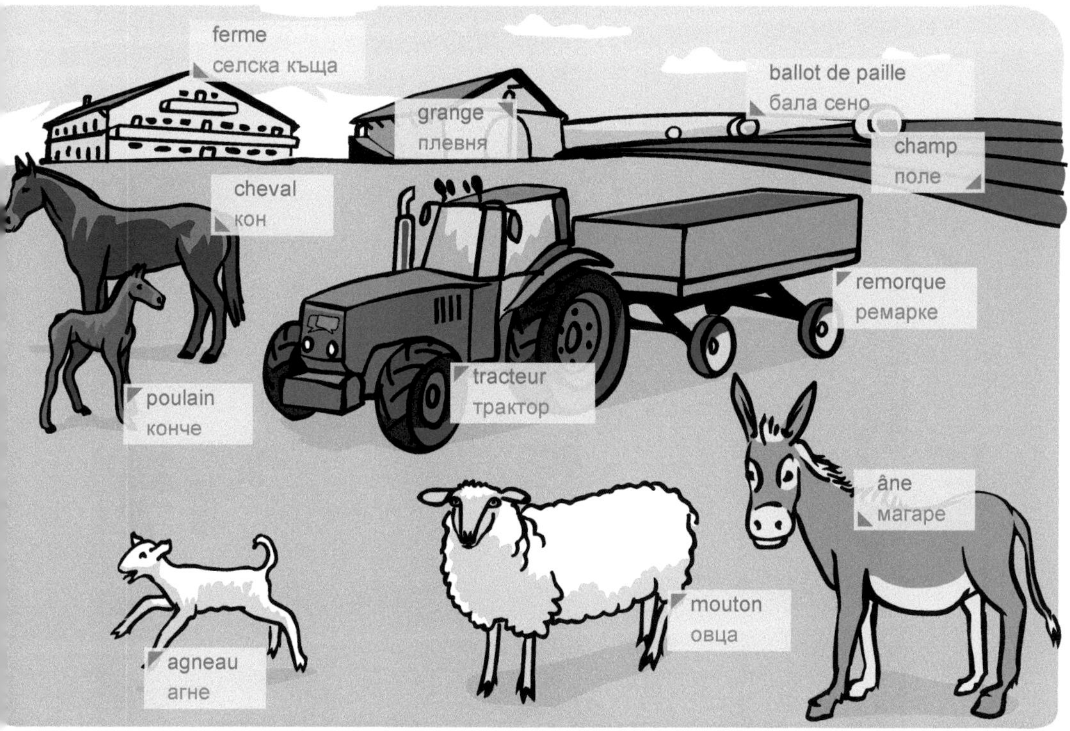

ferme
селски двор

- ferme / селска къща
- grange / плевня
- ballot de paille / бала сено
- champ / поле
- cheval / кон
- remorque / ремарке
- poulain / конче
- tracteur / трактор
- âne / магаре
- agneau / агне
- mouton / овца

chèvre
коза

vache
крава

veau
теле

porc
свиня

porcelet
прасенце

taureau
бик

oie
гъска

canard
патица

poussin
пиленце

poule
кокошка

coq
петел

rat
плъх

chat
котка

souris
мишка

bœuf
вол

chien
куче

niche
кучешка колиба

tuyau d'arrosage
градински маркуч

arrosoir
лейка

FALSE
коса

charrue
плуг

ferme - селски двор

faucille
сърп

binette
мотика

fourche à foin
вила за тор

hache
брадва

brouette
ръчна количка

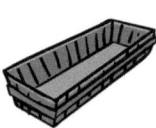

auge
корито

pot à lait
съд за мляко

grand sac
чувал

clôture
ограда

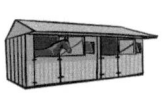

écurie
обор

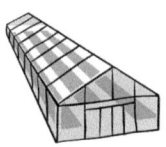

serre
парник

sol
земя

graines
сеитба

engrais
тор

moissonneuse-batteuse
комбайн

ferme - селски двор

récolter
жъна

récolte
реколта

igname
ямс

blé
жито

soja
соя

pomme de terre
картоф

maïs
царевица

graine de colza
рапица

arbre fruitier
овощно дърво

manioc
маниока

grains
зърнени храни

ferme - селски двор

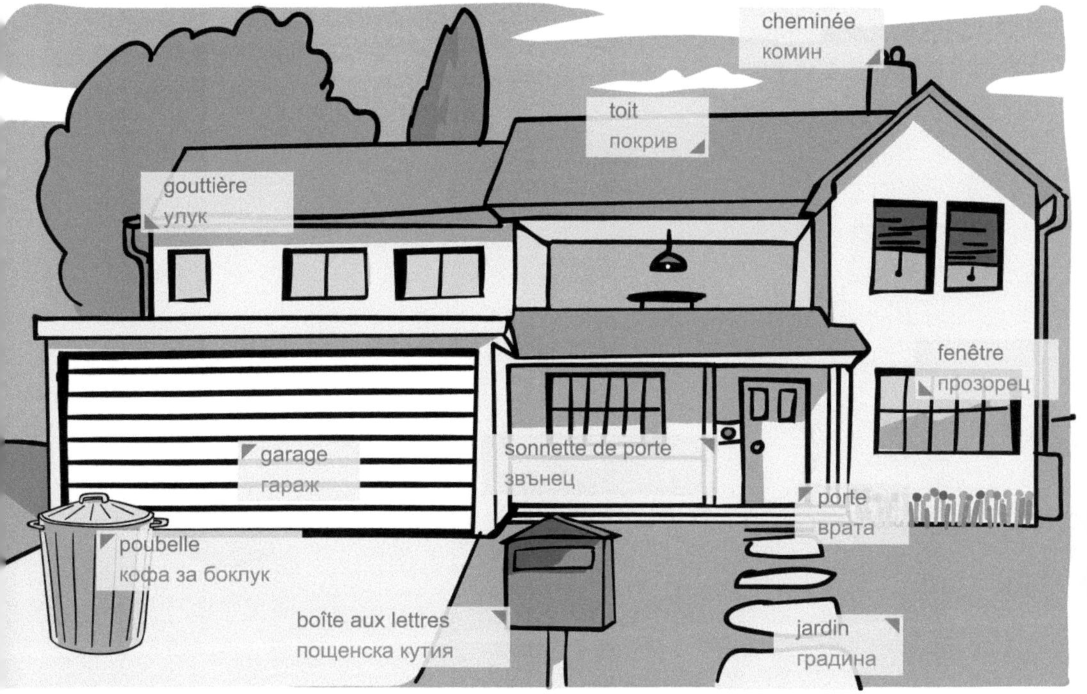

maison
къща

cheminée — комин
toit — покрив
gouttière — улук
fenêtre — прозорец
garage — гараж
sonnette de porte — звънец
porte — врата
poubelle — кофа за боклук
boîte aux lettres — пощенска кутия
jardin — градина

salle de séjour

всекидневна

salle de bains

баня

cuisine

кухня

chambre à coucher

спалня

chambre d'enfant

детска стая

salle à manger

трапезария

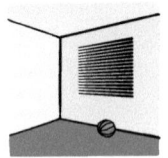

plancher
под

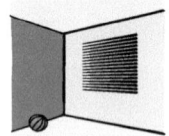

mur
стена

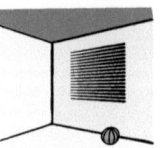

plafond
таван

cellier
изба

sauna
сауна

balcon
балкон

terrasse
тераса

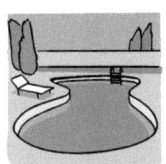

piscine
плувен басейн

tondeuse à gazon
косачка

drap
спално бельо

jeté de lit
покривка за легло

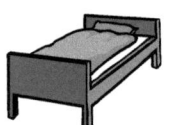

lit
легло

balai
метла

seau
кофа

interrupteur
електрически ключ

maison - къща

salle de séjour
всекидневна

papier peint
тапет

tableau
картина

lampe
лампа

étagère
рафт

armoire
шкаф

foyer
камина

télévision
телевизор

fleur
цвете

coussin
възглавница

vase
ваза

sofa
канапе

télécommande
дистанционно управление

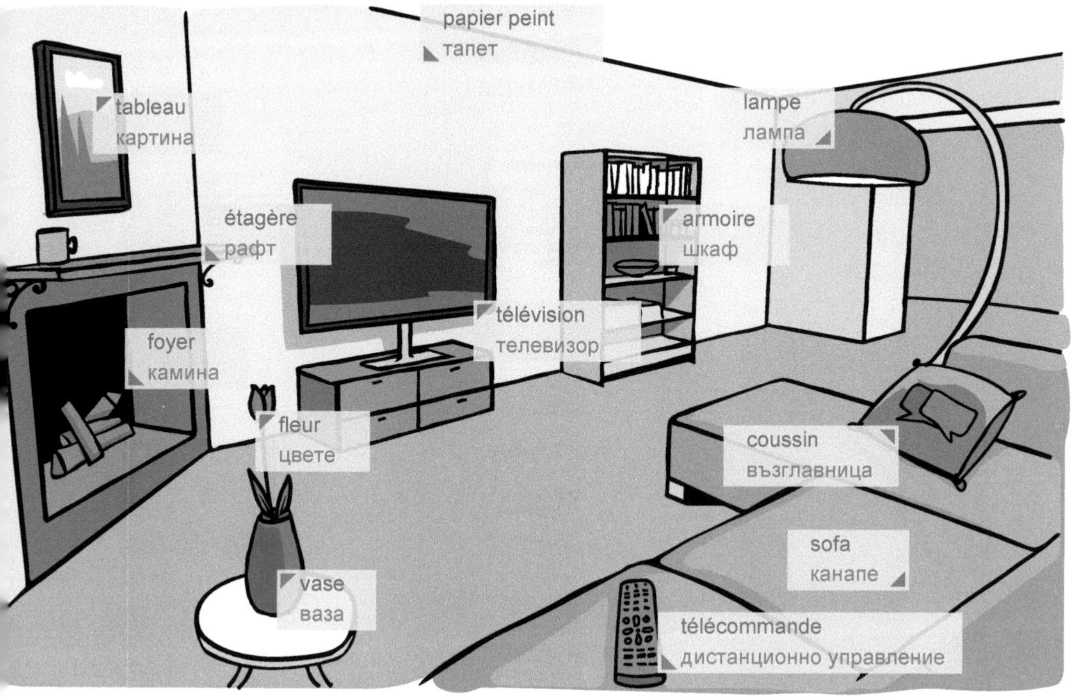

tapis
килим

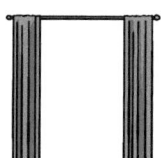

rideau
завеса

table
маса

chaise
стол

berceuse
люлеещ се стол

fauteuil
кресло

salle de séjour - всекидневна

livre

книга

couverte

одеяло

décoration

декорация

bois de chauffage

дърва за отопление

film

филм

chaîne hi-fi

стерео уредба

clé

ключ

journal

вестник

peinture

живопис

affiche

постер

radio

радио

bloc-notes

бележник

aspirateur

прахосмукачка

cactus

кактус

chandelle

свещ

salle de séjour - всекидневна

cuisine
кухня

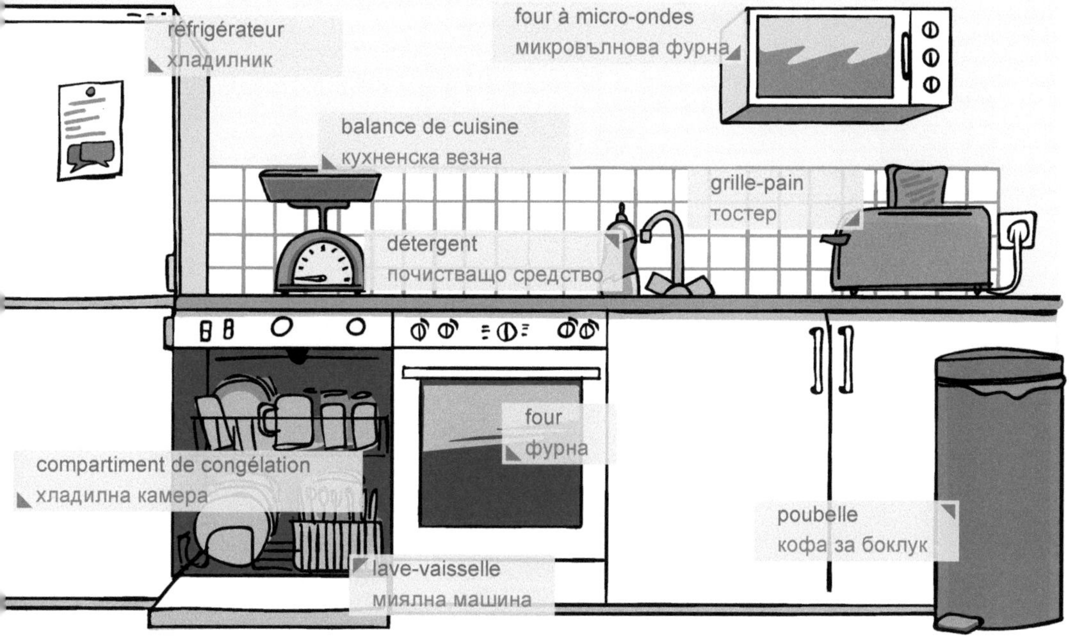

réfrigérateur
хладилник

four à micro-ondes
микровълнова фурна

balance de cuisine
кухненска везна

grille-pain
тостер

détergent
почистващо средство

four
фурна

compartiment de congélation
хладилна камера

poubelle
кофа за боклук

lave-vaisselle
миялна машина

cuisinière
готварска печка

marmite
тенджера

cocotte en fonte
желязна тенджера

wok / kadai
уок / кадаи

poêle
тиган

bouilloire
кана за затопляне на вода

cuiseur à vapeur

уред за готвене на пара

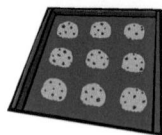

plaque à pâtisserie

тава за печене

vaisselle

съдове

grande tasse

чаша

bol

купа

baguettes

клечки за хранене

louche

черпак

spatule

лопатка за тиган

fouet

тел за разбиване (на яйца, белтъци)

passoire

кошница за варене

tamis

гевгир

râpe

ренде

mortier

хаван

barbecue

барбекю

foyer

огнище

cuisine - кухня

planche à découper
дъска

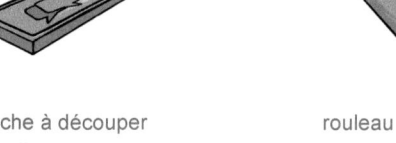
rouleau à pâtisserie
точилка

tire-bouchon
тирбушон

boîte à conserves
кутия

ouvre-boîte
отварачка за консерви

mitaine de four
кухненска ръкохватка

évier
мивка

brosse
четка

éponge
гъба

mélangeur
миксер

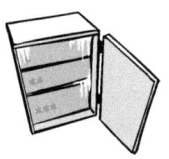
congélateur
фризер

biberon
бебешко шише

robinet
воден кран

cuisine - кухня 37

salle de bains
баня

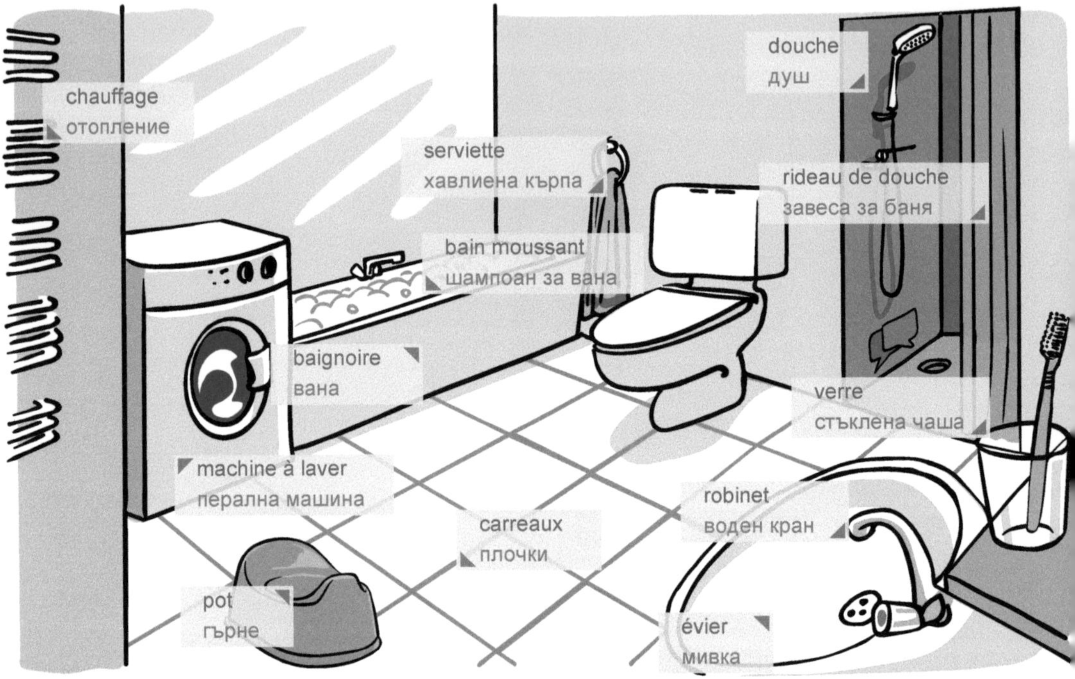

chauffage
отопление

douche
душ

serviette
хавлиена кърпа

rideau de douche
завеса за баня

bain moussant
шампоан за вана

baignoire
вана

verre
стъклена чаша

machine à laver
перална машина

robinet
воден кран

carreaux
плочки

pot
гърне

évier
мивка

toilette

тоалетна

toilette turque

клекало

bidet

биде

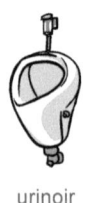

urinoir

писоар

papier hygiénique

тоалетна хартия

brosse à toilette

четка за тоалетна

brosse à dents

четка за зъби

dentifrice

паста за зъби

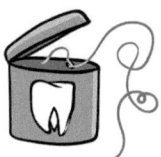

soie dentaire

конец за зъби

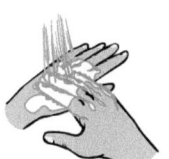

laver

мия

douchette

ръчен душ

douche vaginale

интимен душ

cuvette

леген

brosse pour le dos

четка за гръб

savon

сапун

gel douche

душ гел

shampoing

шампоан за вана

débarbouillette

гъба за баня

drain

сифон

crème

крем

déodorant

дезодорант

salle de bains - баня

miroir

огледало

miroir à main

козметично огледало

rasoir

ръчна самобръсначка

mousse à raser

пяна за бръснене

après-rasage

одеколон за след бръснене

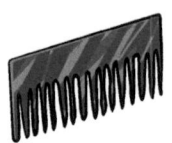

peigne

гребен

brosse

четка

sèche-cheveux

сешоар

laque

спрей за коса

maquillage

грим

rouge à lèvres

червило

vernis à ongles

лак за нокти

ouate

памук

ciseaux à ongles

ножица за нокти

parfum

парфюм

salle de bains - баня

trousse de toilette
тоалетна чантичка

tabouret
табуретка

pèse-personne
везна

peignoir
хавлия

gants de caoutchouc
домакински ръкавици

tampon
тампон

serviette hygiénique
дамски превръзки

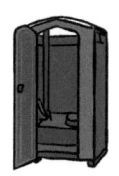

toilette chimique
химическа тоалетна

salle de bains - баня

chambre d'enfant
детска стая

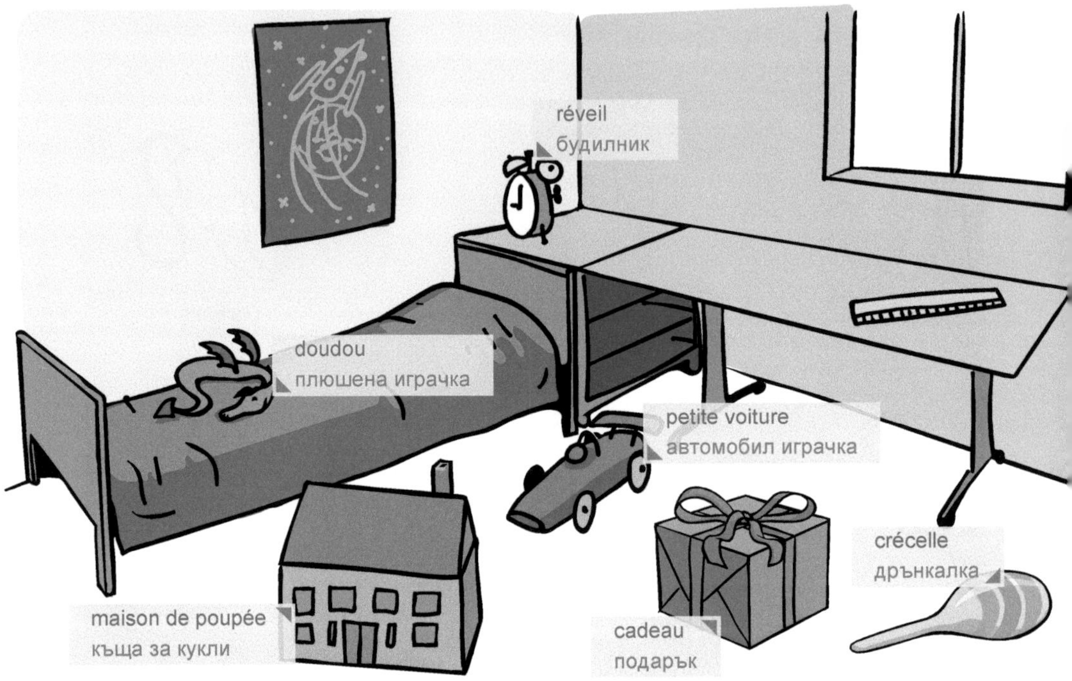

réveil
будилник
doudou
плюшена играчка
petite voiture
автомобил играчка
crécelle
дрънкалка
maison de poupée
къща за кукли
cadeau
подарък

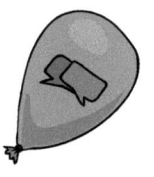

ballon

балон

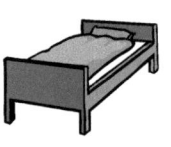

lit

легло

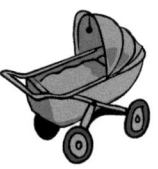

landau

детска количка

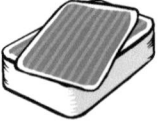

jeu de cartes

игра на карти

casse-tête

пъзел

SUPER MEGA

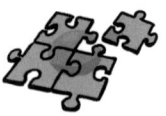

bande dessinée

комикс

blocs LEGO

лего елементи

jeu de briques

строителни елементи

figurine articulée

екшън фигурка

dormeuse

бебешки гащеризон

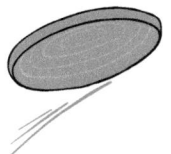

disque volant

фрисби

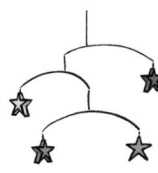

mobile

бебешки играчки за легло

jeu de société

настолна игра

dé

зарче

ensemble de modèles de train

миниатюрно влакче

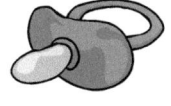

mannequin

биберон

fête

парти

livre d'images

детска книга с илюстрации

balle

топка

poupée

кукла

jouer

играя

chambre d'enfant - детска стая

bac à sable

пясъчник

balançoire

люлка

jouets

играчка

console de jeu vidéo

игрова конзола

tricycle

велосипед с три колелета

ours en peluche

плюшено мече

garde-robe

гардероб

vêtements
облекло

chaussettes

къси чорапи

bas

дълги чорапи

collant

чорапогащник

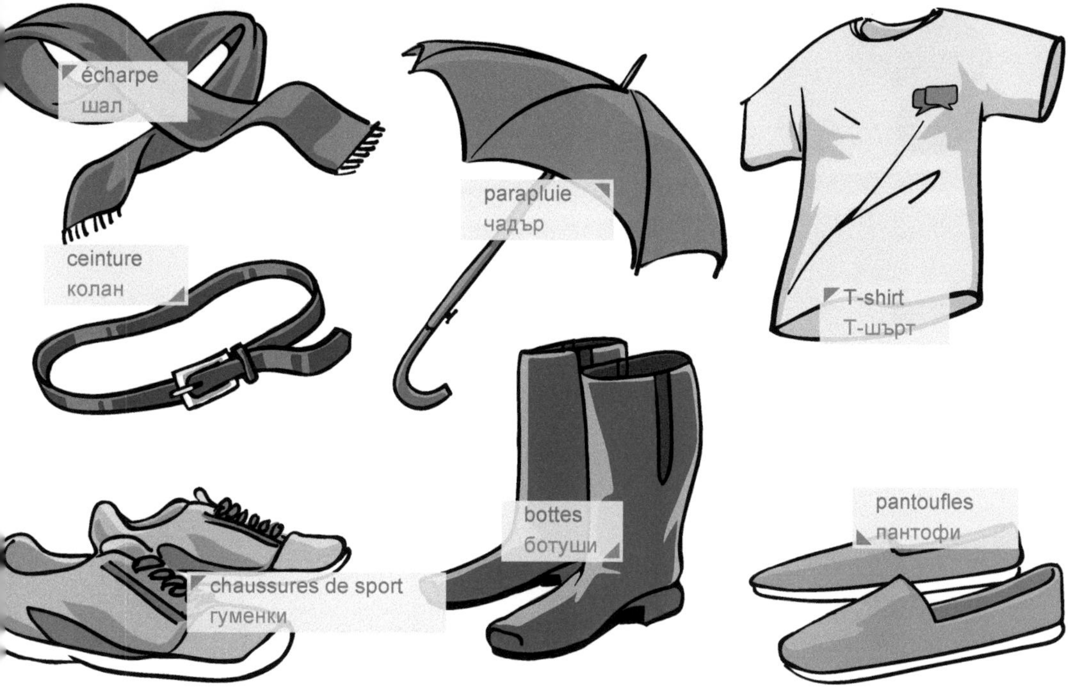

écharpe / шал

parapluie / чадър

T-shirt / Т-шърт

ceinture / колан

bottes / ботуши

pantoufles / пантофи

chaussures de sport / гуменки

sandales
сандали

souliers
обувки

bottes de caoutchouc
гумени ботуши

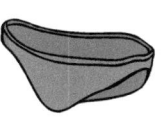

sous-vêtements
слип

soutien-gorge
сутиен

gilet
долна блуза

vêtements - облекло

body
боди

pantalon
панталон

jean
дънки

jupe
пола

chemisier
блуза

chemise
риза

chandail
пуловер

chandail à capuche
суичър

blazer
блейзър

veste
яке

manteau
палто

manteau de pluie
дъждобран

complet
костюм

robe
рокля

robe de mariée
булчинска рокля

vêtements - облекло

tailleur

костюм

chemise de nuit

нощница

pyjama

пижама

sari

сари

foulard

кърпа за глава

turban

тюрбан

burqa

бурка

cafetan

кафтан

abaya

абая

maillot de bain

бански костюм

maillot short

плувни шорти

culotte courte

къс панталон

survêtement

анцуг

tablier

престилка

mitaines

ръкавици

vêtements - облекло

47

bouton

копче

lunettes

очила

bracelet

гривна

collier

верижка

bague

пръстен

boucle d'oreille

обеца

tuque

каскет

cintre

закачалка

chapeau

шапка

cravate

вратовръзка

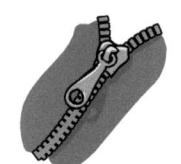

fermeture à glissière

цип

casque

каска

bretelles

тиранти

uniforme scolaire

ученическа униформа

uniforme

униформа

vêtements - облекло

bavoir
лигавник

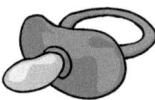
mannequin
биберон

couche
пелена

bureau
офис

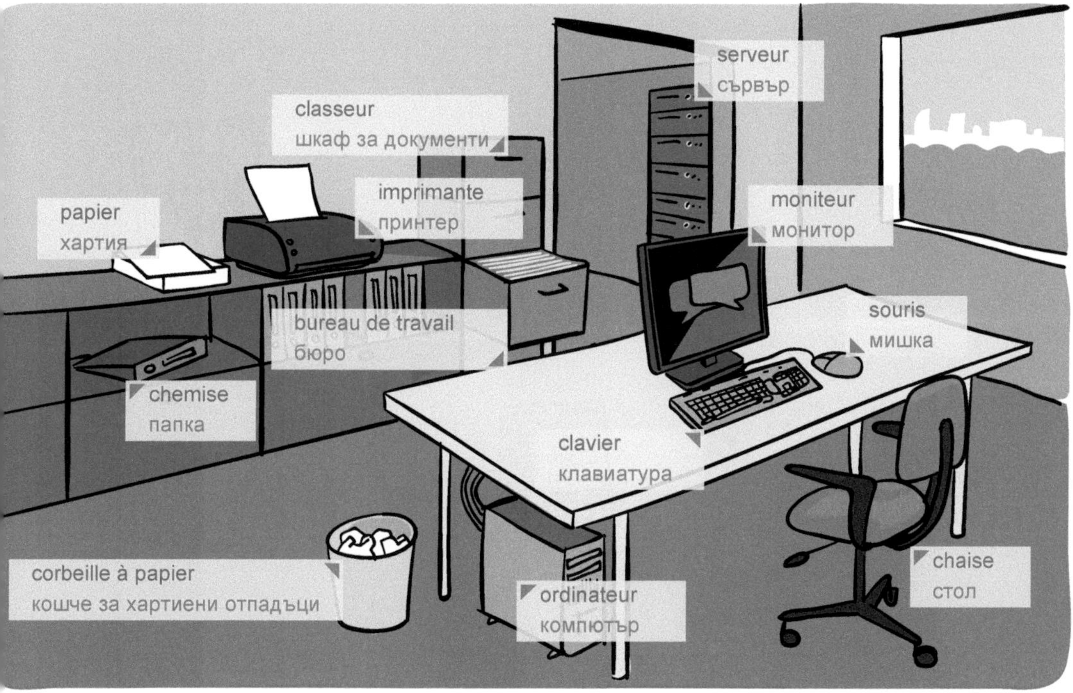

- serveur — сървър
- classeur — шкаф за документи
- imprimante — принтер
- papier — хартия
- bureau de travail — бюро
- chemise — папка
- moniteur — монитор
- souris — мишка
- clavier — клавиатура
- corbeille à papier — кошче за хартиени отпадъци
- ordinateur — компютър
- chaise — стол

grande tasse à café
чаша за кафе

calculatrice
джобен калкулатор

Internet
интернет

ordinateur portable

лаптоп

lettre

писмо

message

съобщение

téléphone cellulaire

мобилен телефон

réseau

мрежа

photocopieur

ксерокс

logiciel

софтуер

téléphone

телефон

prise de courant

контакт

télécopieur

факс

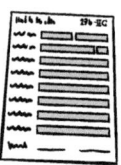

formulaire

формуляр

document

документ

bureau - офис

économie
икономика

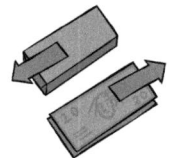

acheter

купувам

payer

плащам

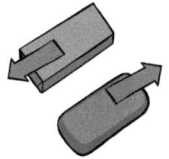

commercer

търгувам

argent

пари

dollar

долар

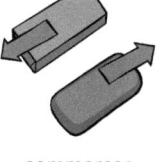

euro

евро

yen

йена

rouble

рубла

franc suisse

швейцарски франк

renminbi yuan

ренминби юан

roupie

рупия

distributeur de billets

банкомат

bureau de change
обменно бюро

or
злато

argent
сребро

pétrole
нефт

énergie
енергия

prix
цена

contrat
договор

taxe
данък

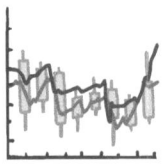
actions
акция

travailler
работя

employé
служител

employeur
работодател

usine
фабрика

magasin
магазин за цветя

économie - икономика

professions
професии

agent de police
полицай

pompier
пожарникар

cuisinier
готвач

docteur
лекар

pilote
пилот

jardinier
градинар

charpentier
мебелист

couturier
шивачка

juge
съдия

pharmacien
химик

acteur
артист

chauffeur d'autobus
шофьор на автобус

chauffeur de taxi
шофьор на такси

pêcheur
рибар

femme de ménage
чистачка

couvreur
майстор на покриви

serveur
келнер

chasseur
ловец

peintre
художник

boulanger
хлебар

électricien
електротехник

constructeur de bâtiments
строителен работник

ingénieur
инженер

boucher
касапин

plombier
тенекеджия

facteur
пощальон

professions - професии

soldat
войник

architecte
архитект

caissier
касиер

fleuriste
цветар

coiffeur
фризьор

chef de train
кондуктор

mécanicien
механик

capitaine
капитан

dentiste
зъболекар

scientifique
научен работник

rabbin
равин

imam
имàм

moine
монах

ecclésiastique
свещеник

outils
инструменти

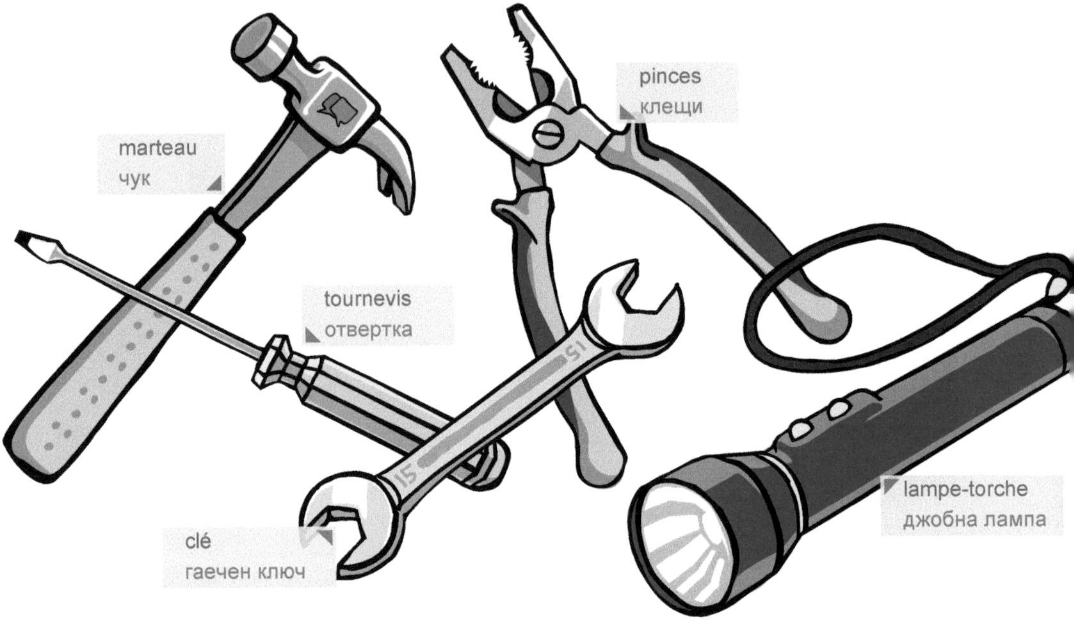

marteau
чук

pinces
клещи

tournevis
отвертка

clé
гаечен ключ

lampe-torche
джобна лампа

excavatrice

багер

boîte à outils

кутия за инструменти

échelle

стълба

scie

трион

clous

пирони

perceuse

бормашина

réparer
ремонтирам

pelle
лопата

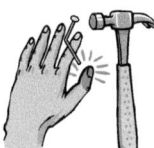
tabarnouche
По дяволите!

pelle à poussière
лопатка за смет

pot de peinture
кутия за боя

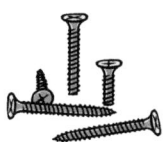
vis
болтове

instruments de musique
музикални инструменти

haut-parleur — високоговорител
batterie — ударни инструменти
guitare — китара
contrebasse — контрабас
trompette — тромпет

piano
пиано

violon
виолина

basse
контрабас

timbales
тимпан

tambour
барабан

synthétiseur
електрическо пиано

saxophone
саксофон

flûte
флейта

microphone
микрофон

instruments de musique - музикални инструменти

ZOO
зоологическа градина

entrée
вход

tigre
тигър

cage
бръмбар

zèbre
зебра

nourriture pour animaux
храна за животни

panda
панда

animaux
животни

éléphant
слон

kangourou
кенгуру

rhinocéros
носорог

gorille
горила

ours
мечка

chameau

камила

autruche

щраус

lion

лъв

singe

маймуна

flamand rose

фламинго

perroquet

папагал

ours polaire

бяла мечка

pingouin

пингвин

requin

акула

paon

паун

serpent

змия

crocodile

крокодил

gardien de zoo

пазач в зоологическа градина

phoque

тюлен

jaguar

ягуар

zoo - зоологическа градина

poney

пони

léopard

леопард

hippopotame

хипопотам

girafe

жираф

aigle

орел

sanglier

диво прасе

poisson

риба

tortue

костенурка

morse

морж

renard

лисица

gazelle

газела

zoo - зоологическа градина

sports
спорт

activités
дейности

- sauter — скачам
- serrer dans les bras — прегръщам
- rire — смея се
- chanter — пея
- marcher — вървя
- prier — моля се
- embrasser — целувам
- rêver — сънувам

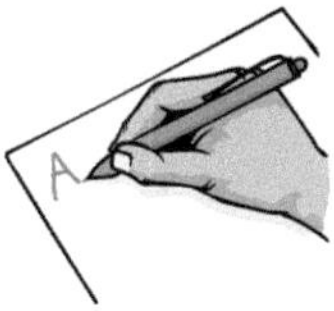

écrire — пиша

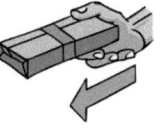

dessiner — рисувам

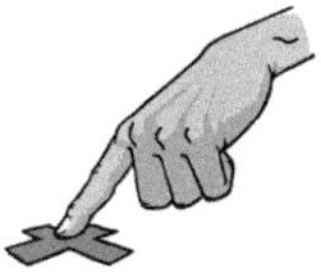

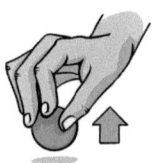

montrer — показвам

pousser — бутам

donner — давам

prendre — взимам

activités - дейности

avoir
имам

faire
правя

être
съм

être debout
стоя

courir
тичам

tirer
дърпам

jeter
хвърлям

tomber
падам

s'allonger
лежа

attendre
чакам

porter
нося

s'asseoir
седя

s'habiller
обличам

dormir
спя

se réveiller
събуждам се

activités - дейности

regarder
разглеждам

pleurer
плача

caresser
милвам

peigner
реша се

parler
говоря

comprendre
разбирам

demander
питам

écouter
слушам

boire
пия

manger
ям

ranger
разтребвам

aimer
обичам

cuisiner
готвя

conduire
карам автомобил

voler
летя

activités - дейности

faire de la voile
плавам (с платна)

calculer
смятане

lire
чета

apprendre
уча

travailler
работя

se marier
женя се

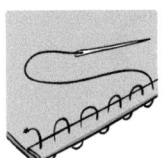
coudre
шия

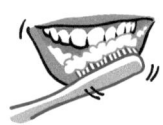
brosser les dents
измивам си зъбите

tuer
убивам

fumer
пуша

envoyer
изпращам

famille
семейство

grand-mère / баба
grand-père / дядо
père / баща
mère / майка
bébé / бебе
fille / дъщеря
fils / син

invité
посетител

tante
леля

oncle
чичо

frère
брат

sœur
сестра

corps
тяло

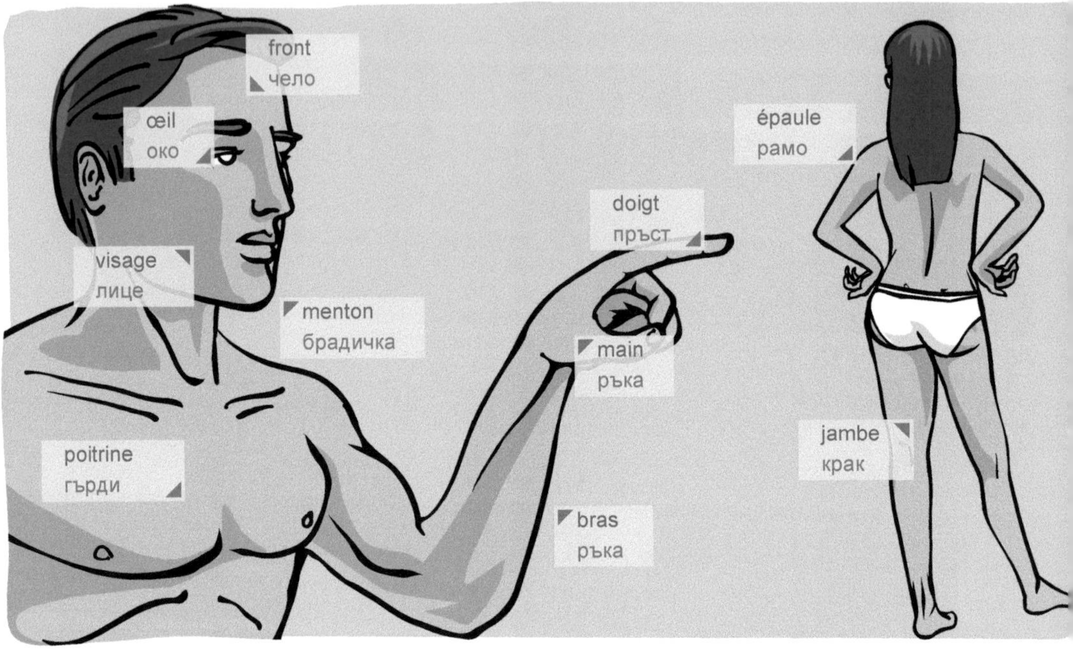

front — чело
œil — око
visage — лице
menton — брадичка
poitrine — гърди
épaule — рамо
doigt — пръст
main — ръка
bras — ръка
jambe — крак

bébé
бебе

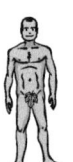

homme
мъж

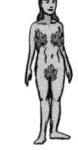

femme
жена

fille
момиче

garçon
момче

tête
глава

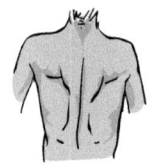

dos
гръб

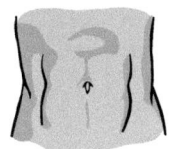

ventre
корем

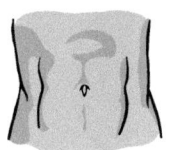

nombril
пъп

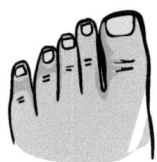

orteil
пръст на крака

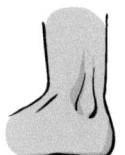

talon
пета

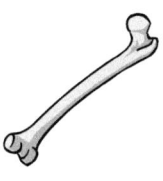

os
кост

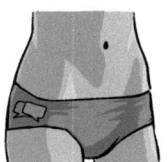

hanche
хълбок

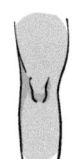

genou
коляно

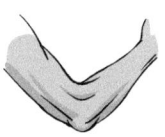

coude
лакът

nez
нос

derrière
седалище

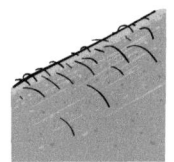

peau
кожа

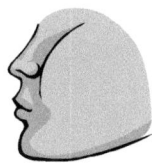

joue
буза

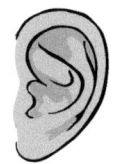

oreille
ухо

lèvre
устна

corps - тяло

bouche
уста

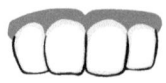
dent
зъб

langue
език

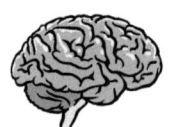
cerveau
мозък

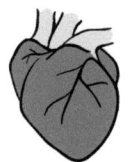
cœur
сърце

muscle
мускул

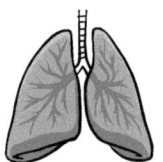
poumon
бял дроб

foie
черен дроб

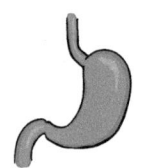
estomac
стомах

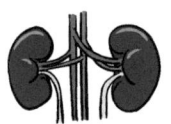
reins
бъбреци

rapport sexuel
полово сношение

condom
кондом

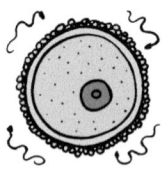
ovule
яйцеклетка

sperme
сперма

grossesse
бременност

corps - тяло

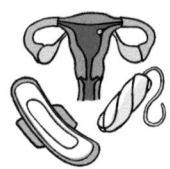
menstruation
менструация

vagin
вагина

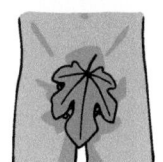
pénis
пенис

sourcil
вежда

cheveux
коса

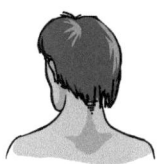
cou
шия

hôpital
болница

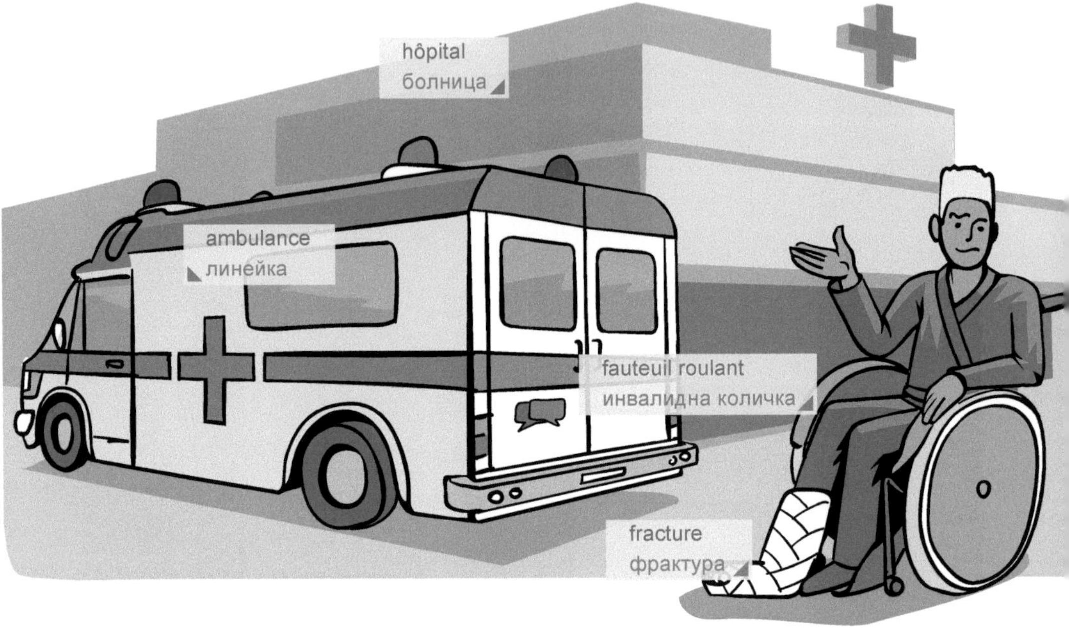

hôpital
болница

ambulance
линейка

fauteuil roulant
инвалидна количка

fracture
фрактура

docteur

лекар

salle des urgences

спешна хоспитализация

infirmier

медицинска сестра

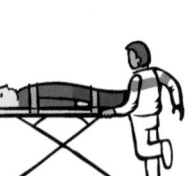

urgence

спешен случай

inconscient

в безсъзнание

douleur

болка

blessure

нараняване

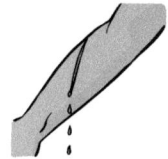

saignement

кървене

crise cardiaque

инфаркт

AVC

инсулт

allergie

алергия

toux

кашлица

fièvre

температура

grippe

грип

diarrhée

диария

mal de tête

главоболие

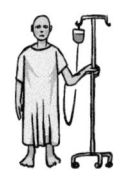

cancer

рак

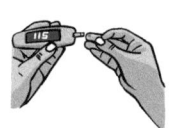

diabète

диабет

chirurgien

хирург

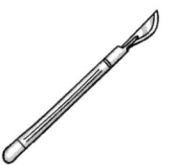

scalpel

скалпел

opération

операция

hôpital - болница

tomodensitométrie

компютърна томография

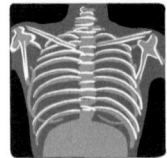

radiographie

рентген

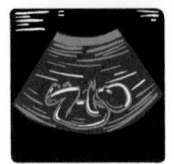

ultrason

ултразвук

masque

маска

maladie

болест

salle d'attente

чакалня

béquille

патерица

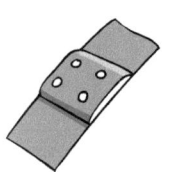

sparadrap

пластир

bandage

превръзка

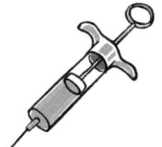

injection

инжекция

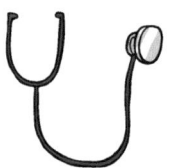

stéthoscope

стетоскоп

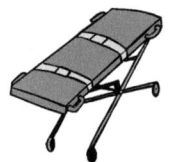

brancard

носилка

thermomètre médical

термометър

accouchement

раждане

excès de poids

наднормено тегло

hôpital - болница

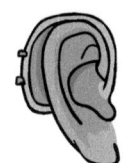

appareil auditif
слухов апарат

désinfectant
дезинфекционно средство

infection
инфекция

virus
вирус

VIH / Sida
HIV / AIDS

médicament
медицина

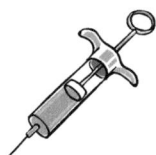

vaccination
ваксинация

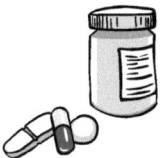

comprimés
таблети

pilule
противозачатъчна таблетка

appel d'urgence
спешно телефонно обаждане

tensiomètre
апарат за измерване на кръвното налягане

malade / en bonne santé
болен / здрав

hôpital - болница

urgence
спешен случай

Au secours !
Помощ!

alarme
сигнал за тревога

assaut
нападение

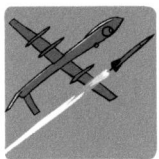

attaque
атака

danger
опасност

sortie de secours
авариен изход

Au feu !
Пожар!

extincteur
пожарогасител

accident
злополука

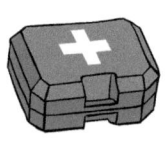

trousse de premiers soins
комплект за оказване на първа помощ

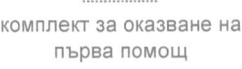

SOS
SOS

police
полиция

Terre
Земя

Europe
Европа

Amérique du Nord
Северна Америка

Amérique du Sud
Южна Америка

Afrique
Африка

Asie
Азия

Australie
Австралия

océan Atlantique
Атлантически океан

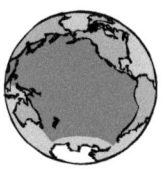
océan Pacifique
Тихи океан

océan Indien
Индийски океан

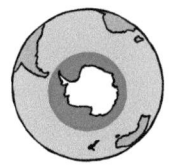
océan Antarctique
Южен ледовит океан

océan Arctique
Северен ледовит океан

Pôle Nord
Северен полюс

Pôle Sud

Южен полюс

Antarctique

Антарктида

Terre

Земя

terre

суша

mer

море

île

остров

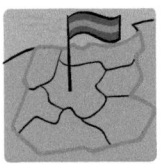

nation

нация

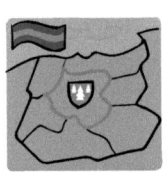

État

държава

Terre - Земя

heure
часовник

cadran
циферблат

aiguille des heures
стрелка на часовете

aiguille des minutes
стрелка на минутите

aiguille des secondes
стрелка на секундите

Quelle heure est-il ?
Колко е часът?

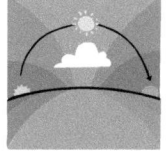
jour
ден

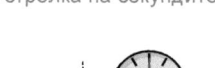
temps
време

maintenant
сега

montre à affichage numérique
дигитален часовник

minute
минута

heure
час

semaine
седмица

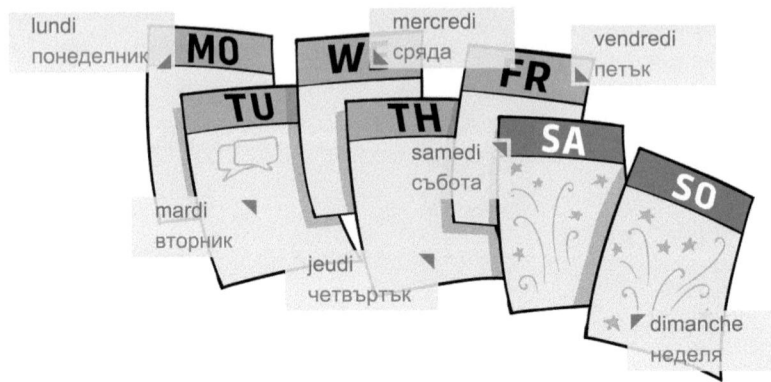

lundi / понеделник
mardi / вторник
mercredi / сряда
jeudi / четвъртък
vendredi / петък
samedi / събота
dimanche / неделя

hier
вчера

aujourd'hui
днес

demain
утре

matin
сутрин

midi
обед

soir
вечер

jours ouvrables
работни дни

fin de semaine
уикенд

année

година

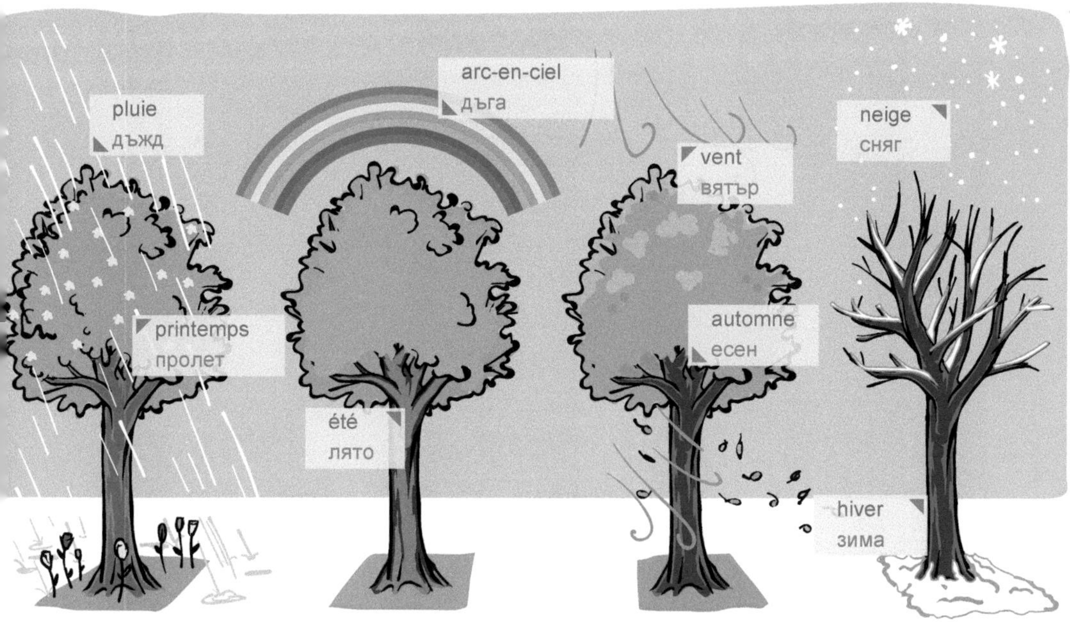

pluie
дъжд
arc-en-ciel
дъга
neige
сняг
vent
вятър
printemps
пролет
automne
есен
été
лято
hiver
зима

4.APRIL 11°
5.APRIL 4°
6.APRIL 13°
7.APRIL 8°
8.APRIL 10°

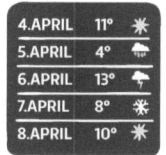

prévisions météorologiques

....

прогноза за времето

F
C
120
90
60
30
0
-30
40
30
20
10
0
-10
-20

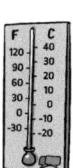

thermomètre

....

термометър

rayons du soleil

....

слънчева светлина

nuage

....

облак

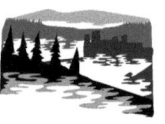

brouillard

....

мъгла

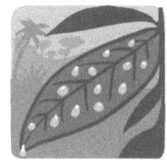

humidité

....

влажност на въздуха

foudre
светкавица

tonnerre
гръмотевица

tempête
буря

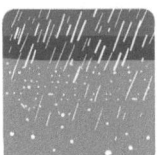

grêle
градушка

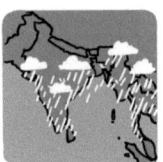

mousson
мусон

inondation
наводнение

glace
лед

janvier
януари

février
февруари

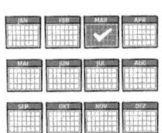

mars
март

avril
април

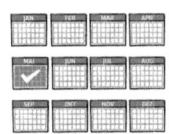

mai
май

juin
юни

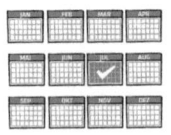

juillet
юли

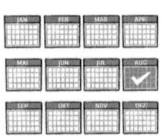

août
август

septembre

септември

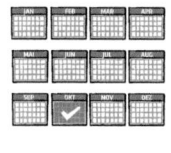
octobre

октомври

novembre

ноември

décembre

декември

formes
форми

cercle

кръг

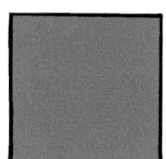
carré

квадрат

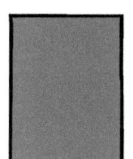
rectangle

четириъгълник

triangle

триъгълник

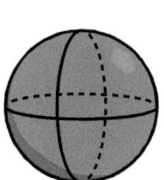
sphère

сфера

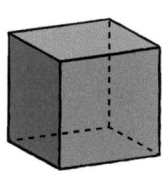
cube

куб

couleurs
цветове

blanc
бял

jaune
жълт

orange
оранжев

rose
розов

rouge
червен

violet
лилав

bleu
син

vert
зелен

marron
кафяв

gris
сив

noir
черен

opposés
противоположности

beaucoup / un peu

много / малко

en colère / calme

ядосан / спокоен

beau / laid

красив / грозен

début / fin

начало / край

grand / petit

голям / малък

lumineux / sombre

светъл / тъмен

frère / sœur

брат / сестра

propre / sale

чист / мръсен

complet / incomplet

пълен / непълен

jour / nuit

ден / нощ

mort / vivant

мъртъв / жив

large / étroit

широк / тесен

comestible / non comestible

ядлив / неядлив

méchant / gentil

сърдит / любезен

être enthousiaste /
s'ennuyer

развълнуван / скучаещ

gros / mince

дебел / тънък

premier / dernier

най-напред / най-накрая

ami / ennemi

приятел / враг

plein / vide

пълен / празен

dur / mou

твърд / мек

lourd / léger

тежък / лек

faim / soif

глад / жажда

malade / en bonne santé

болен / здрав

illégal / légal

нелегален / легален

intelligent / stupide

интелигентен / глупав

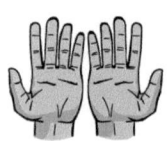

gauche / droite

ляво / дясно

proche / loin

близо / далече

neuf / usagé

нов / употребяван

rien / quelque chose

нищо / нещо

vieux / jeune

стар / млад

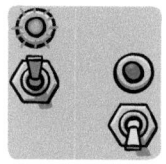

marche / arrêt

вкл. / изкл.

ouvert / fermé

отворен / затворен

calme / bruyant

тих / силен (звук)

riche / pauvre

богат / беден

correct / incorrect

правилен / погрешен

rugueux / lisse

грапав / гладък

triste / heureux

тъжен / щастлив

court / long

дълъг / къс

lent / rapide

бавен / бърз

mouillé / sec

мокър / сух

chaud / froid

топъл / студен

guerre / paix

война / мир

opposés - противоположности

nombres
числа

0 zéro — нула

1 un — едно

2 deux — две

3 trois — три

4 quatre — четири

5 cinq — пет

6 six — шест

7 sept — седем

8 huit — осем

9 neuf — девет

10 dix — десет

11 onze — единадесет

12
douze
дванадесет

13
treize
тринадесет

14
quatorze
четиринадесет

15
quinze
петнадесет

16
seize
шестнадесет

17
dix-sept
седемнадесет

18
dix-huit
осемнадесет

19
dix-neuf
деветнадесет

20
vingt
двадесет

100
cent
сто

1.000
mille
хиляда

1.000.000
million
милион

nombres - числа

langues
езици

anglais

английски

anglais américain

американски английски

chinois mandarin

китайски мандарин

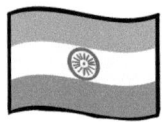

hindi

хинди

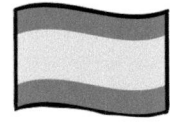

espagnol

испански

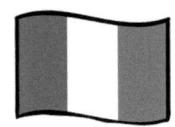

français

френски

arabe

арабски

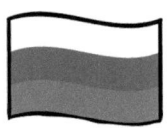

russe

руски

portugais

португалски

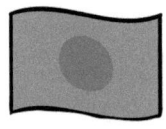

bengali

бенгалски

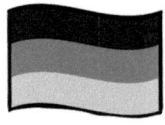

allemand

немски

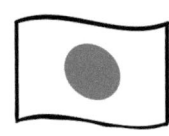

japonais

японски

qui / quoi / comment
кой / какво / как

je
аз

tu
ти

il / elle / ce, c', cela
той / тя / то

nous
ние

vous
вие

ils / elles
те

qui ?
кой?

quoi ?
какво?

comment ?
как?

où ?
къде?

quand ?
кога?

nom
име

où
къде

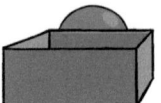

derrière

зад

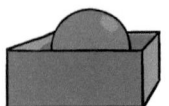

dans

в

devant

пред

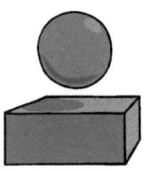

au-dessus

над

sur

върху

en dessous

под

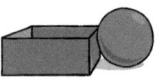

à côté de

до

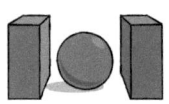

entre

между

endroit

място